TRABAJADORES DE NUESTRA COMUNIDAD

MECÁNICOS

CHRISTINE HONDERS

TRADUCIDO POR ROSSANA ZÚÑIGA

PowerKiDS press

New York

Published in 2020 by The Rosen Publishing Group, Inc.
29 East 21st Street, New York, NY 10010

First Edition
Translator: Rossana Zúñiga
Spanish Editor: Alberto Jiménez
Editor: Greg Roza
Book Design: Reann Nye

Photo Credits: Cover, p.1 Lopolo/Shutterstock.com; pp. 4–22 Abstractor/Shutterstock.com; p. 5 Studio 72/Shutterstock.com; p. 7 goodluz/Shutterstock.com; p. 9 Christina Richards/Shutterstock.com; p. 11 LeManna/Shutterstock.com; p. 13 alexkich/Shutterstock.com; p. 15 michaeljung/Shutterstock.com; p. 17 Serhii Bobyk/Shutterstock.com; p. 19 The Num Phanu Studio/Shutterstock.com; p. 21 vystekimages/Shutterstock.com; p. 22 brittak/E+/Getty Images.

Cataloging-in-Publication Data

Names: Honders, Christine.
Title: Mecánicos / Christine Honders.
Description: New York : PowerKids Press, 2020. | Series: Trabajadores de nuestra comunidad | Includes glossary and index.
Identifiers: ISBN 9781725312814 (pbk.) | ISBN 9781725312838 (library bound) | ISBN 9781725312821 (6 pack)
Subjects: LCSH: Mechanics–Juvenile literature.
Classification: LCC TL147.H66 2020 | DDC 629.04–dc23

Manufactured in the United States of America

CPSIA Compliance Information: Batch #CWPK20. For Further Information contact Rosen Publishing, New York, New York at 1-800-237-9932.

CONTENIDO

Debajo del capó

¿Alguna vez has echado un vistazo debajo del capó de un auto? ¡Hay muchísimas piezas! Todas trabajan juntas para que el auto se mueva. La mayoría de la gente no sabe cómo funcionan, pero ¡los **mecánicos** sí!

Los mecánicos conocen las máquinas

Las máquinas mejoran nuestra vida. Los mecánicos saben cómo funciona la maquinaria de los autos; conocen la utilidad de las piezas y cómo encajan unas con otras. Usan herramientas especiales para descubrir qué le pasa a un automóvil, y si para arreglarlo deben desmontarlo, son capaces de montarlo de nuevo.

Máquinas simples

Las máquinas simples son herramientas que facilitan el trabajo. Entre ellas se encuentran las rampas, que sirven para subir o bajar objetos pesados; las palancas, que aumentan la fuerza ejercida por una persona; y las ruedas, que nos ayudan a mover cosas fácil y rápidamente.

Máquinas compuestas

Las máquinas **compuestas** constan de dos o más máquinas simples. Por ejemplo, la bicicleta es una máquina compuesta por distintas máquinas simples, como ruedas, ejes y palancas. Los autos y camiones son también máquinas compuestas ¡por cientos de máquinas simples! Los mecánicos las conocen todas y saben cómo funcionan.

Motores

Los **motores** son también máquinas compuestas. Convierten otros tipos de **energía** en energía **mecánica**. En un motor de auto, esta energía hace que el auto funcione. Muchos mecánicos trabajan con motores de automóviles, camiones y barcos. Otros reparan motores más pequeños, como el de los cortacéspedes.

Cuando el auto tiene una avería

Imagina que tu familia está lista para irse de excursión y el auto no arranca. ¡Llama al mecánico! Él te ayudará a llevar el auto al taller, incluso si no funciona, y lo reparará. En cuanto esté listo, ¡podrás ir a divertirte!

Herramientas eléctricas

Poca gente cuenta con las herramientas necesarias para arreglar autos. Los mecánicos usan herramientas eléctricas, como destornilladores que aprietan los **tornillos** con fuerza y rapidez, o enormes elevadores que levantan los autos para revisarlos por debajo.

Doctores de autos

Los mecánicos son los médicos de los autos. No solo los reparan, sino que dicen a los dueños cuál era el problema y a veces les indican cómo cuidarlos. También realizan revisiones anuales de los frenos y las llantas, a fin de comprobar la seguridad del vehículo.

Preparados para todo

Como los autos se pueden averiar en cualquier momento, los mecánicos deben estar disponibles día y noche. Trabajan muchas horas, incluso los fines de semana; están en su taller durante los calurosos veranos y los fríos inviernos. Gracias a su labor, podemos viajar en nuestro auto a donde queramos.

¡Los mecánicos mueven el mundo!

Los mecánicos mantienen en buen estado nuestros autos, camiones y autobuses para que podamos ir a la escuela o al trabajo; arreglan camiones y máquinas que ayudan a construir nuestras casas; reparan barcos que transportan alimentos y productos para nuestras comunidades. Motor a motor, ¡mueven el mundo!

GLOSARIO

compuesto: formado por dos o más partes.

energía: capacidad para hacer un trabajo.

mecánica: rama de la física que incluye el estudio de las máquinas.

mecánico: persona que arregla máquinas.

motor: máquina que mueve algo o da fuerza para hacer algo.

tornillo: objeto metálico que sirve para unir cosas.

ÍNDICE

SITIOS DE INTERNET

Debido a que los enlaces de Internet cambian constantemente,
PowerKids Press ha creado una lista de sitios de Internet relacionados con el tema de este libro.
Este sitio se actualiza con regularidad. Por favor, utiliza este enlace para acceder a la lista:
www.powerkidslinks.com/HIOC/mechanics